Mar Vítreo

A mi esposa y mis hijos. Ustedes son la luz al final del túnel

Vini Vidi Vinci

Sudando ambos guerreros están,
con la respiración agitada de la bestia exhausta
que se rinde ante su acechante cazador.
En sus cuerpos hay sangre,
se desconoce a quien pertenece.
Cada uno sujeta su arma,
se miran atentamente a los ojos
esperando el ataque de su contrincante.
Esclavos del último territorio conquistado, Vae Victis!
No hay tiempo para lamentarse;
Solo para luchar por no sucumbir al temor,
y para saciar la sed de muerte de los cínicos espectadores
dispuestos a hacer su fatídica señal.
El Emperador, sus Cortesanos, la plebe alegre por el vino,
la arena sangrienta que carga con el peso del más débil
balbuceando algo en su lengua lejana.
Nefasto azar, funesto destino.

Oda Irreverente

Previsora, con tus vidrios sucios
y esa arquitectura absurda que ya nadie admira.
Inoportuna interrumpes cada mañana el paso del sol por mi ventana,
y te maldigo, y te odio, y deseo que un Osama criollo
te encuentre cual World Trade Center y te escoñete
¡Oh innecesaria estructura!
Causante de mi infelicidad.

En la espera

Ojalá los días fueran segundos.
Ojalá fueran años cuando por fin te tenga en mis brazos.
Ojalá pudiera extraerte de mis sueños y tenerte conmigo de una vez y para siempre.
Ojalá pudiera besarte o tan solo mirarte y regalarle a mis ojos
una muestra de hermosura incomparable.
Veleidosa deidad que estuvo con Ulises en sus momentos de debilidad.
Ojalá Silvio no se disguste por robar su idea.
Ojalá no te empalague la miel que destilo.
Ojalá la espera no me haga perder la poca cordura que de manera sobrehumana he
podido conservar, y que la realidad me ha ido quitando despiadadamente
como el feudo a un campesino que obedece aunque en su sangre fluya el deseo de la
rebelión.

Noctámbulo

Esta noche es fría
una de páramo más,
una como cualquier otra... pero más fría.
Veo el teléfono una vez y otra,
temo que me diga ¡NUNCA MAS!
Y agonizar como el amante de Leonora.

Los segundos corren lentamente,
empiezo a creer que el tiempo está más denso que nunca,
siento que es una lava ardiente y espesa que cruelmente va quemando
la última esperanza de saber de ti.

Observo el reloj con una incertidumbre intensa,
temiendo que retroceda las horas
y hagan esta amarga noche la más interminable de todas.

Quisiera tenerte a mi lado para verte, sentirte, olerte, escucharte,
Para entregarnos a un abrazo y a un beso que no tengan fin.

Quiero dormir y que nuestros sueños
rompan el espacio que nos separa,
quiero que nos amemos sin reservas
para mañana resistir más tu ausencia
refugiado en la sensación de haberte besado
y haberte dicho te amo.

Notre-Dame

*Mucho después de ocultarse el sol me duermo entre las gárgolas y empiezo mi viaje
al corazón de los pensamientos más puros, donde la razón ha sido aprisionada por
los gendarmes de la inconsciencia, y vive su exilio entre los anchos muros de esta
catedral. En un sueño; el más especial de todos te vi en un paraje mágico, era una
noche única, la luna estaba llena y su luz se reflejaba directamente sobre el agua del
mar dándole una apariencia fantástica. El horizonte en su lejanía se interrumpía
únicamente con la silueta de un barco abandonado que se tambaleaba en todas
direcciones. Las olas chocaban estrepitosamente contra las rocas, y las gotas que
resultaban del impacto simulaban una lluvia de mercurio. El viento era fuerte,
producía un sonido que no creo olvidar, golpeaba mi cara desinteresado de mi
presencia, concentrado únicamente en su dirección hacia la costa. Estabas parada
en la roca más alta de todas, indiferente a todo lo que sucedía. Pude capturar tu
mirada en la mía, parecías distante, y no intente alcanzarte porque temí no lograrlo.
No sé cuánto tiempo transcurrió hasta que una ola repentina te cubrió,
desapareciste, y aun ignoro si te volveré a ver. Desde aquel sueño
paso el tiempo esperando que anochezca con la expectativa de encontrarme contigo
una vez más para decirte lo que mi boca calló en ese momento inesperado, fruto de
la soledad y los amores frustrados.*

Cansancio

La veo cada tarde
Cuando paso por su ventana
Y siento que no es la misma.
Ha cambiado, y su sonrisa, ahora ausente,
Me hace extrañar los días en que su inocencia
Calmaba por momentos, la amargura de vivir.
Tiene la cabeza apoyada en su mano,
Y la mirada lejana, perdida en el horizonte.
Se siente abandonada en este pueblo apático
Que muere sin haber tenido gloria ni apogeo
Y al igual que todos maldice su frívola existencia

Necro

Puede parecer natural o demasiado obvio pero es curioso darse cuenta que la gente de verdad se muere, deja de existir, no vive más, no es como un sueño o un viaje, es más que ausencia, es de verdad muerte, fin, deceso, defunción; disfunción de todos los órganos. El corazón no vuelve a latir y los ojos pierden el brillo. La rigidez invade el cuerpo y la gelidez es un hecho que asombra, la piel se vuelve blanda y escurrida; en el rostro quedará una ultima mueca espontánea que solo se borrará cuando la degradación perenne acabe con los despojos.

La Gran Verdad

En un lugar surrealista conocí una mujer enigmática cuyo llanto humedecía incluso el vasto horizonte infinito de la subconsciencia. Las calamidades que había sufrido eran evidentes, haciendo su inteligencia superior y llevando su sensibilidad a un estado que pocos pueden apreciar.

Relataba con sorprendente detalle episodios al parecer superficiales de su vida, pero que sin duda habían significado mucho para ella.

Aun la sorprendían los ritos que hacían las mujeres de su familia, ritos a los que era obligada a participar. Compartió conmigo que vivió esclavizada a los temores de su madre. La represión la asfixiaba. Mientras me hablaba veía su espalda desnuda, su cabello cubría un rostro que nunca vi. Aquél ser hermoso lucia resentido y adolorido.

-"el mundo es un gran cementerio de elefantes"- fue lo último que dijo y luego se alejó.

Yo quedé inmóvil sobre la arena liquida en la que flotaba. Aun trato de comprender lo que confesó.

El Coliseo

¿Cómo saber si el payaso ríe sinceramente? La distancia es su aliada porque si me acercara a su rostro vería el sudor y la expresión de cansancio que destila a través del maquillaje.

Hoy fui a un circo, un circo que se niega a morir, un circo con tablas quebradizas como asiento, con unas sillas polvorientas de plástico descolorido. Una carpa desgastada y unas telas sucias que vivieron tiempos mejores en otro circo más glorioso y que fueron a parar no se sabe cómo y la historia olvido cuando a este antro de diversión. La tarima era pequeña y en los actores se vislumbraba el deseo de que todo terminara pronto, se respiraba la desesperanza que desprendían sus actos que en una época fueron majestuosos. No quería aplaudir, tenía una pena ajena terrible, sentía que reír y aplaudir sería un acto pagano, y yo sería un romano que disfruta ver como los leones devoran a sus presas humanas.

La mujer cansada de la rutina, el niño novato que está iniciando un mundo que aun no comprende, pero que es el único que conoce, un público adulto que quiere ver su inversión bien retribuida, aplausos dudosos después de cada pirueta...

Quisiera escuchar sus conversaciones antes de salir al escenario. Quisiera ver las aspiraciones con que sueñan cada noche después de terminar su jornada e ir silenciosamente a su sitio de dormir. Quisiera ser un impresionista para pintar la escena. Quisiera darme cuenta que esta noche un divertido circo se presentó con sus malabaristas y sus payasos con la alegría más grande, porque son lo que de niño quisieron ser, que sienten la magia en cada función que presentan, y que lo gris y turbio de sus vidas solo existe en mi cabeza pesimista e incrédula.

Trance

I smoked grass last night
but I think that I didn't see the light
I even didn't feel the moonshine
the pot has become a nemesis of mine.

I gotta say the craproom is full
the boots and everything are floatin' on puke
and I'm here on my knees, all nude
while the crib's owner is not feelin' good.

This tale of trip and coolness is just a fake
I think you must be crazy or kind of insane
if you of this shit become a slave
and waste your whole life livin' in vain.

I'm feeling childish right now. I don't know why people never believe me when I say I'm very shide. Well just take a look at me. I'm pretending to write these foolish lines 'cause I don't conceive another way to behave when I'm aside this gorgeous girl. At least our elbows are touching. For me that's enough (I'd like to be a mind reader). If I were sure that she feels like me. I wouldn't doubt a second to touch her face and taste her lips. She suddenly moves and I unconsciously think she feels awkward. I really like her.

Cicuta

Es miércoles, día de verte.
Cuando te pregunte qué te parece lo
del autorretrato de Da Vinci en la Mona Lisa
espero me digas ¡cállate idiota y bésame!

Me das una clase filosófica del concepto de
belleza utópica como atenuante del narcisismo
y yo estoy encantado con la dulce caricia que
me dan las ondas armónicas de tu voz que
flotan en el aire como olas tenues en un lago diáfano,
y el olor que emana tu piel te hace parecer una flor
amazónica que sabe que por su néctar cualquiera arriesga su vida.

Mientras hablas yo asiento disimulando sin escrúpulos mis deseos.
Imagino que te tomo por el cuello con mi mano tibia
y aspiro tu fragancia con la devoción con que Sócrates
bebió su último vaso de vino.

Confinado

En un delirio de soledad soñaba que hacíamos el amor en la playa de una isla anclada en el mediterráneo, cuya propiedad había sido disputada por griegos y romanos en una serie de batallas celebres de las que aún se escribe. Yo tomaba entre mis manos tu cabello negro profundo de aspecto líquido, y en mi encantamiento ignoraba que éramos una pareja infiel que retaba una ira colosal.

La luna te bañaba de luz y tu cuerpo lucia como marfil azul haciéndome comprender lo que pinto Monet. El sitio de mi refugio era perfecto, hasta el día aquel que atravesé el portal a mi universo paralelo y no me esperabas. Cada noche quemo un jazmín y soplo sus cenizas al viento del éste diciendo tu nombre para invocar tú presencia.

I just wonder

Now, It's my chance to write
I'm so coward
What am I afraid?
What's the question I don't dare to answer?
How long does it take?
Hell, I don't know.

Bug

Siempre vi a mi padre como un ser penitente confinado en una isla desierta, acompañado de epigramas humanos. No sé si él se habituó a ellos pero estoy seguro que ellos nunca se dieron cuenta de su condición. Su vida se había desperdiciado en un lugar donde las ideas nuevas eran cortadas de raíz. El prejuicio era una pandemia que cundía el raciocinio popular. Siempre recordaré esa tarde lluviosa; él regresaba de su trabajo cuando una serie de truenos empezaban a tener una armonía acompasada. Me parece que Dios se apiado de nosotros esa tarde. Mi padre extendía los brazos sintiendo cada gota que caía. Lloraba resentido, como lamentando no haber dicho algo, o tal vez se lamentaba no habernos hecho entender algún misterio. Me hubiese gustado hablar con él. Preguntarle. Quizás tuvo una gran clave, o tal vez simplemente esa idea que hubiese vuelto el mundo más confuso.

Impaciente

El pavimento tiene su olor habitual después de la lluvia. La humedad es la atmósfera ahora. Es extraño que tus peores días siempre coincidan con los más nublados y lluviosos. Me aterra no saber como terminarán las cosas.

Rutina

-por supuesto, recuerda que el Greco sufría una aberración visual, por eso pintaba de esa manera.

Alberto escuchaba distraídamente a su interlocutor, le molestaba que Antonio hiciera tal comentario cada vez que hablaban de pintura.

-¡que ladilla este carajo!- se dijo mientras asentía inconscientemente.

La hora de ser social había terminado y Alberto moría por ir a su casa y recostarse en su cama para ver TV. Hasta dormirse. Aun no comprendía como se había inmiscuido con aquel grupo escuálido de bohemios. El no se consideraba un "amante del buen arte" como se decían ellos. Cualquiera que hubiese leído una enciclopedia mediocre podría deslumbrarlos.

-me saldré de ese club de mierda- se dijo cuando abandonaba el lugar de reunión.

Alberto Gómez García parecería un hidalgo moderno. Su familia pertenecía a un apellido que había vivido ya sus mejores años. Eran unos caciques decadentes de un pueblo apático que estaba en medio de la nada. A diferencia de su madre y sus hermanos, él no mantenía la mentira de la abundancia extinta. Aunque se resistía a la idea de trabajar. Nunca se había afanado a aprender algo. Se dedicaba a buscar los entierros que su bisabuelo hacía para guardar el dinero. Vivía esperanzado de encontrarse con una caja llena de morocotas para irse de ese pueblo estéril.

Cuando hubo llegado a su casa encontró a su madre rezando, el olor habitual de las velas le molestaba particularmente. Le deprimía la oscuridad del santuario, el tenue resplandor de las velas le daban una apariencia espectral a la escena. Su madre al verlo le dio la bendición aunque él no se la había pedido, nunca lo hacía. Cuando terminó su rosario fue a la cocina.

-¿conseguiste la cuestión?- preguntó.

-no, Hernando me dijo que ya no nos podía seguir prestando dinero. Que primero le pagáramos aunque sea la mitad de la deuda.

-¡ay hijo! ¿Y ahora?
Alberto oscilaba la cabeza con la mirada pensativa.

-¿encontraste algo?

-nada, puros huesos de vaca, en esos potreros del carajo no hay nada.
¿Dónde habrá enterrado el viejo los reales?

Se quedaron callados un rato, pensativos. Alberto recordaba el día que murió
su padre. Recordaba ese día lluvioso cuando llevaba su ataúd. Apenas tenía 16 años
cuando sucedió, recordaba la herida de bala rellena de algodón que tenia don
Ignacio Gómez Zambrano en la cara. Recordaba la crisis de nervios que vivió su
madre, todos creían que iba a morirse de algún ataque y entre todos sus hermanos se
turnaron en las noches por dos semanas para revisar su respiración mientras
dormía. –hace tiempo no se le llevan flores al viejo- pensó.

-¿Qué tal el club?

- no voy a ir mas.

Alberto cambiaba constantemente de canal. La restricción del cable local le
había molestado mucho. La serie de privaciones que estaba viviendo era peor que
nunca.

–Nada de esto va a mejorar- concluyó. Sus días pasaban sin mayor efecto.
Tenía mucha razón, su vida nunca iba a mejorar. Aquel ser patético estaría
condenado a vivir así por siempre, su familia seria más pobre cada día. Nunca iba a
conseguir aquel entierro. Fernanda García viviría cada día con menos ganas, con el
dolor de ver como se destruía su familia. Cada día se recriminaba el haberle
notificado a su esposo que los terrenos de caño verde los estaban invadiendo. – Yo lo
mandé a su muerte- se decía como si se estuviera maldiciendo.

¡Que apatía! Esa fría y seca noche siempre estará grabada en sus mentes, sin
nada que recordar, como todas, parecerían un retrato en sepia que cada día perdía
su nitidez para perderse por fin en el vacío de la nada, no aparecerían mas canales y
la cama de ella sería más grande hasta que por fin sus vidas sin ninguna novedad
terminarían en un vendaval como el que destruyo aquel pueblo que nunca debió
existir.

Conveniencia

Finalmente cuando te das cuenta que la vida es un chiste irónico sonríes al ver que hay dos tipos de personas y que fortuitamente te ubicas en alguno de los extremos sabiendo que el otro existe pero que tal vez nunca lo verás. ¿Eres tú quién tira la colilla en el urinario o el que trata de meterla en el drenaje? ¿Eres quién tira la concha o el que se resbala? Hay quienes creen que depende del karma de tus diabluras pasadas mientras otros lo niegan rotundamente arguyendo que el destino se forja exclusivamente por uno mismo. Ambos puntos tienen su validez y su debilidad. Cada quién que se pague y se dé el cambio; yo no vengo a responder eso.

Vuela

Tal vez desde el comienzo no fuiste algo especial pues al nacer tus padres no se fijaron en ti como tú necesitabas. Te dispones a abandonar tu hogar para vivir tus experiencias sin saber cual será tu fortuna, a la merced de cualquier descuido de tu buenaventura y caer en lo que podría ser el final, pero el instinto te obliga a hacerlo sin cuestionarte por qué. Estas preparada para el cambio, lo haces y al darte cuenta, te despierta una gota de la lluvia que no percataste cuando empezó, rompes el capullo y pruebas una nueva sensación, ésta vez tienes alas, eres una mariposa, vuelas, revoloteas con la alegría que te da saber que vives aun. Que eres más libre que nunca.

Pero mariposa no olvides que la vida es corta y ya estas cercan de lo inevitable. Te toca morir, tal vez tu tiempo no te alcanzo para hacer muchas cosas o soy tan tonto para pensar que no disfrutaste de tu existencia. Vuela mientras puedas, disfruta de esos últimos momentos y no te resignes a posarte en una rama hasta que la muerte te sorprenda. Aunque lo que te pido es imposible pues tu cuerpo no será el mismo de antes, será el resultado de lo que hayas vivido. Por favor no mueras, el destino no te pago con la misma moneda. Ni siquiera conociste el amor ni la dicha de estar acompañada. Estuviste sola procurando únicamente por ti...

Te encuentras allí, en esa rama que quise omitir de tu historia, no sabrás porque estas tan cansada, no te puedes mover... el viento sopla delicadamente arrastrando el cuerpo sin vida de una mariposa que murió inconscientemente pues tiene los ojos abiertos, quizás para verse de frente cuando su espíritu este abandonando su cuerpo.

Fijando el Sentimiento.

*Un día me pregunte si te amaba, y me di cuenta que contigo no tengo ni agenda ni horario porque solo con una persuasión tuya todas las cosas dejan de ser importantes. Me di cuenta que la pasión es algo mucho más sublime, me di cuenta que el tiempo toma descansos donde mi mente agoniza y adquiere el deseo de adelantar los días hasta dar con aquel en el que por fin te encuentre, me di cuenta que un jazmín se marchita rápido cuando se desea regalar, me di cuenta que solo anhelo estar contigo simplemente porque **TE AMO**.*

Delirio Rodante

Redactado y escrito en algún lugar del trayecto Mérida - Valera.

Los vidrios de las ventanas llevan una armonía sincronizada con el ritmo de las fallas del pavimento. Estoy acostado en un asiento doble, con un malestar extraño en el estomago, producido tal vez por la sensación de pérdida temporal o tal vez por el insomnio que tuve la noche pasada; insomnio divino, dulce abstinencia de sueño que viví por la emoción de tenerla a mi lado, aunque dormida, pero tan cerca. Adormecido con el va y ven de las curvas cierro los ojos y empiezo a revivir cada sensación una vez más. Su olor, su respiración, su piel, su cabello en mi cara. Sé que es mi imaginación, es un juego mental que pone a prueba mi capacidad de vivir sin ella, pero igual lo disfruto hasta que una zanja en el camino me devuelve a la realidad, ¡qué realidad! Solo la incertidumbre me acompaña, ¿Cuánto la volveré a ver?, ¿Estará ella igual de ansiosa por verme?

Sí, sé que hice bien; hice bien en besarla en exceso, en abrazarla en exceso, decirle que la quiero en exceso, hasta el cansancio. Su exceso, su cansancio, tal vez, mas no el mío.

En lo que el tiempo continúe corriendo disfrutaré las mieles que libé mientras estuve contigo, y trataré de eliminar las desventajas de la idea que más que necesaria, eres imprescindible.

El Cobarde

Me desperté sudando en la noche, en el décimo piso de este edificio, asustado y molesto. Había soñado y al hacerlo supe que aun vivía. ¿Cuánto tiempo más dispondrá el veneno para arrebatarme la vida? ¿Acaso el cianuro no sirve para matar cuando se desea morir? Me levanto del piso, me asomo por una ventana y veo cuan alta dista del suelo. Empiezo a sentir retorcijones en mi estomago, siento las palpitaciones bruscas y descontroladas de mi corazón producidos por la adrenalina en la sangre. ¿Cómo llega un hombre a este límite? Sabiduría, la diosa maldita, maldita Atenea, ¿Por qué me seduces con tu toque y luego no me dejas vivir tranquilo? Con la Vida hable de ti, de cuan dulce eras, de cuanto te amaba. Tú me motivabas a disfrutar de ella, aunque lo que ahora mas desprecio de ti es lo que más me atraía, como una mujer, que mientras más carnal se muestre más te fascina; la Sabiduría al mostrar su peor cara más te desvía; la Sátira, la Ironía, la Critica; y lo peor: la Conciencia. ¡Sí! La Sabiduría es mujer.

De repente la Vida me vio a los ojos y se burlo de mí con una risa que brotaba de su boca sarcástica y me dijo: ¿De quién hablas? ¿Acaso, no será de mí? Si, de mi es, puesto que la Vida es Sabiduría aunque te reste existencia, o es que crees que Vida es ser un cordero que sigue una senda hacia el sacrificio sin preguntarse ¿Por qué? Sería muy fácil, sería ridículo, sería absurdo, y sobre todo sería injusto si queréis ser un **Übermensch**. ¡Pero no puedo! ¡No puedo resistir tanto sufrimiento! Esta conciencia arde más que mis propias entrañas. Dejare que la gravedad y el vacío finito acabe con el dolor que ahora este cianuro traicionero me provoca.

Tentación Vieja Amiga

Ellas vienen a mi encuentro sedientas de carne con la esperanza de capturarme en sus redes pecaminosas. Vienen de lo más oscuro, del pantano de la miseria, confiadas del asilo que les di. Me conocen y saben cuánto disfrutaba de ellas. En una danza macabra observo sus facciones de frustración, se desnudan y se muestran más irresistibles, pero ya no soy su esclavo. Me siento fuerte, seguro e independiente, ahora puedo asegurar que podría despreciar al diablo y sus ofrecimientos en el desierto. He renacido y he sentido la gloria de quien pacto con Abraham, Isaac y Jacob. El que dividió el Mar Rojo; y como a Israel me ha liberado.

Aquella Tarde

Saliste de un universo desconocido,
De un poema no escrito,
De un río de tinta que aún no ha fluido.
Tú llenaste ese vacío caótico y me hiciste ver que merecía una oportunidad.

Con la incertidumbre de vivir un sueño, te veo en medio de la calle y salgo a tu encuentro, pero mis brazos quedan clavados en el aire, entre la neblina que moja mi cabello, la que me impide ver por donde huiste. También puedo oler la humedad que se desprende de las tejas de los balcones; silenciosos testigos de las noches inicuas, produciendo una sensación de realidad. Esa realidad que no tiene vuelta atrás, esa realidad que me dejaste, la realidad que aún me cuesta aceptar.

Miro hacia el cielo y empiezan a caer las primeras gotas en mi rostro, recorren todo mi cuerpo, La lluvia me envuelve, hipnotiza mis sentidos y me hace apreciar tu cabello entre mis dedos, el carmín de tus labios, el vació infinito que crea el negro de tus ojos, que cubre herméticamente tus pensamientos, sí, esas cavilaciones que desconozco y que me gustaría develar para saber por fin si mi espera es en vano.

Rigor Mortis

Nunca imagine que pudiera notarse mi existencia, solo pensé que notarían que no estaba y seguirían viviendo tranquilamente, como siempre lo habían hecho. No quería la decisión extrema que tomé, pero la verdad en esos momentos de alta presión haces cosas que nunca harías en una situación normal. La verdad si pudiera devolver el tiempo, no habría diferencia. Además es muy tarde para arrepentirme, ya estoy muerto.

Es extraña la sensación de no tener cuerpo, es difícil volver a acostumbrarse a la falta de dolor...

No sé qué será de mí, no sé si la mayor culpa esta en haberme suicidado; o en hacer sufrir de tal manera a los que antes me ignoraban. Pero el mundo puede ser tan cruel e hiriente cuando las cosas no son como tu las esperas, ahora veo cuan cobarde fui en no arreglar todo, pero sí de mi dependiese, lo volvería a hacer.

Ut

Es una amalgama graciosa, apasionada, emotiva, llena de vida, de colores y sentimientos. Es escasa cualquier descripción que se pueda hacer. Se gastaría toda una vida y más hablando de ella. La música es una actividad divina exclusiva del hombre. Sus principios se hayan perdidos en los tiempos remotos donde la tribu buscaba agradar a sus dioses, y es por medio del canto que nuestros corazones se desbordan en las alabanzas más bellas al Padre Celestial. Es una fuerza maravillosa, ningún ser humano puede negarse a su influencia. Ella representa los ideales de una época, tiene la capacidad de unir credos, razas y pensamientos, ella misma es una musa para la literatura, una musa que se beneficia recíprocamente y que en ocasiones interpreta con su gloria los grandes clásicos como Romeo y Julieta, Fausto, Dafnis y Cloe y Así Hablaba Zaratustra. La música resume la composición humana en todos los planos, es la creación más sublime que jamás se haya concebido. Ella fue el génesis de inventos grandiosos, que nos ha dado la potestad de reclamar el galardón mayor de la felicidad y el disfrute de las obras del hombre en la tierra.

Nostalgia

A cada instante pido a la realidad una prueba de tu existencia ¿será que solo fuiste un sueño? ahora el único testimonio que tengo de ti es la sensación de estar incompleto, con una negación parecida al hormigueo intenso donde estaba la mano que fue amputada.

A veces creo verte entre la multitud indiferente y, como un loco persa les recrimino mi nauseabunda miseria.

Surface To Air

Creo que la fascinación de viajar esta conmigo desde muy niño.
Es una nota ver cómo transcurre el mundo por la ventana al compás
de una melodía que aun no ha sido escrita.
Me siento un viajero errante que pertenece a cada lugar que llega.
Un apátrida, un curioso, un ciudadano del mundo.

Me gusta observar el mundo mientras gira inconsciente de mi presencia.
Millones de vidas, millones de historias transcurriendo simultáneamente
en un orden que parece aleatorio pero obviamos que estamos conectados
por menos de 7 grados de separación.

Y todo esto sucede en este mundo, mi mundo, un mundo que me enseña
cada día con su experiencia eterna que no estamos solos y que en cualquier
lugar Siempre habrá un momento de solaz.
Ese momento intimo que me permitirá sentirme humilde y recordar que puedo
empezar de nuevo sin mirar atrás.

Millones de vidas, millones de historias
Millones de vidas, millones de historias

Ya somos trillones los que hemos estado aquí. Y la tierra ha reciclado
tantas veces nuestro ADN que cada uno de nosotros innegablemente
tiene un poco de todos.

Millones de vidas, millones de historias.
Personas que se pasan por el lado sin darse cuenta
que compartimos un origen común y que estamos llamados
a la fraternidad universal donde los sueños de Schiller
y Luther king se materialicen

Millones de vidas, millones de historias.
Trillones de átomos conjurándose para crear
un mundo hermoso que quiere mostrarnos muchas verdades
y nosotros a cambio con nuestra arrogancia le llenamos
las venas de polución y guerra.

Enunciado Solipsista:

La realidad es una arbitrariedad de la observación humana ¿acaso crees que es aire el que respiras?

www.ingramcontent.com/pod-product-compliance
Lightning Source LLC
Chambersburg PA
CBHW071802020426
42331CB00008B/2367